T0153598

COLLECTION DIRIGÉE PAR
PATRICK SMETS

COPEAU

LES RENTIERS DE LA GLOIRE

LES BELLES LETTRES
2015

www.lesbelleslettres.com

Retrouvez Les Belles Lettres
sur Facebook et Twitter.

ISBN : 978-2-251-50306-6

INTRODUCTION

« Si tu veux que quelqu'un n'existe plus,
cesse de le regarder. »

Proverbe arabe

Notre siècle voue une admiration
sans borne aux grands hommes qui ont
émaillé l'Histoire. Les rayons des libraires
débordent d'hagiographies politiques,
dans lesquelles l'apôtre du jour retrace
les illustres moments du saint homme
regretté. Prenez les deux plus connues
et récentes icônes que sont Charles de
Gaulle et Che Guevara. De multiples
évangiles qui décrivent leur existence,
le *De Gaulle* de Jean Lacouture, celui de
François Mauriac, celui de Max Gallo, le
À demain de Gaulle de Régis Debray, le
C'était de Gaulle d'Alain Peyrefitte, et
tant d'autres. Prenez aussi le *Che. Ernesto
Guevara, une légende du siècle*, de Pierre
Kalfon, *Che Guevara. Une braise qui brûle*

encore d'Olivier Besancenot, *Che*, le film de Steven Soderbergh, *L'Ascension et la Chute*, celui d'Eduardo Montes-Bradley, ou encore *Carnets de voyage*, le film de Walter Salles. S'ils vivaient encore, ces rock stars auraient plus de *followers* sur Twitter que toutes les actrices porno de San Fernando réunies.

Ajoutez à tout cela les journalistes de cour, héritiers de la noblesse de Versailles, qui se plaisent à publier les portraits, presque toujours élogieux, des principaux hommes politiques de leur temps. Les exemples sont tels qu'on trouve chaque mois plus d'une dizaine de biographies dans les rayons, qui toujours collent promptement à l'actualité médiatique. À l'heure où j'écris ces lignes, on trouve pêle-mêle sur les étals et de manière non exhaustive *NKM l'indomptable*, de Julien Arnaud, *Le Roman vrai de DSK*, de Michel Taubmann, *Lionel raconte Jospin*, entretiens avec Pierre Favier et Patrick Rotman, *Mon dictionnaire autobiographique, politique*, de Jean-Louis Borloo, et beaucoup d'autres. Notez au passage que tous ces ouvrages ont comme point commun de servir la soupe à nos gouvernants, lorsque ce ne sont pas eux-mêmes – ou plus exactement leur nègre – qui prennent la plume pour vanter leurs propres mérites.

Mais certains trouvent que ce n'est pas encore assez. Qu'il y aurait quelques réfractaires, incapables de courber suffisamment l'échine devant la grandeur de leurs maîtres. Daniel J. Mahoney, dans *De Gaulle. Statemanship, Grandeur and Modern Democracy*, nous enjoint à admettre qu'il y aurait une sorte de déterminisme appelant certains à gouverner, et d'autres à être gouvernés. Il nous accuse de voir petit le grand homme. Jacques Julliard, dans son lamento *Que sont les grands hommes devenus ?*, n'a pas de mots assez durs pour mettre en cause notre médiocrité face au génie du grand homme. George Sand n'écrivait-elle pas : « Dieu eût départi à tous les hommes une égale dose d'intelligence et de vertu s'il eût voulu fonder le principe d'égalité parmi eux ; mais il fait les grands hommes pour commander aux petits hommes[1]. »

Bien sûr, parfois le discours est plus modéré, non pas fondé sur un déterminisme biologique ou sociologique, mais

---

1. George Sᴀɴᴅ, *Lettres d'un voyageur* (1834), Paris, Michel-Lévy frères, 1857, p. 152.

sur l'expérience particulière vécue par un individu confronté à une circonstance exceptionnelle. C'est l'objet de la formule du *Parrain* de Coppola, pour qui « les grands hommes ne naissent pas dans la grandeur, ils grandissent ». Certes. Mais ce discours sonne tout aussi faux.

Des fariboles comme celles-ci, qui trahissent essentiellement le refoulé d'auteurs qui se rêvaient grands mais qui, à l'âge adulte, ne sont que de médiocres Bollandistes, il y en a à la pelle. Comme le disait déjà l'immense Jean-Louis Guez de Balzac, dans son éloge satirique et désopilant de Louis XIII, intitulé *Le Prince*, « il y a toujours eu, dans les cours, des idoles et des idolâtres ». On pourrait désormais rajouter : et aussi pas mal d'idiots.

Il est désormais temps de passer du Capitole à la roche Tarpéienne. De déconstruire ces mythes pour jouvencelles effarouchées. De lever le voile pudique qui cache une vérité peu ragoûtante. De ramener les idoles au Lidl. De saisir la vraie nature du pouvoir et de ceux qui l'exercent. L'économie, la sociologie et même la psychologie vont nous y aider.

Nous pourrons alors déconstruire tous ces mythes qui sentent le rance et le moisi. Faire entrer Godzilla, le dinosaure géant de l'ère nucléaire, dans le champ de bataille. Qu'il réduise en bouillie les orgueils politiciens construits sur l'autel de nos libertés. Comme le Rubempré de Balzac, il est grand temps d'ouvrir les yeux sur nos illusions perdues. D'aiguiser sur le cœur des politiciens le poignard de la dure réalité.

1
LE CRÉPUSCULE
DES LEADERS

La volonté générale,
un viol honteux génial

« Toute loi, prescription ou défense, édictée en vue du soi-disant intérêt de la masse au détriment des individus, est une duperie. Que l'individu se développe au contraire dans la plénitude de sa liberté, et la masse jouira d'un bonheur total fait de tous les bonheurs particuliers. »

Jules VERNE,
Les Naufragés du « Jonathan »

La philosophie politique, depuis la divine surprise du *Contrat social*, fait de l'élu l'artisan de l'intérêt général, le représentant désintéressé du peuple, le mandataire altruiste. Au sens du célèbre Genevois, l'ensemble des hommes ne se caractériserait pas par une unité. Par conséquent, un certain « volontarisme », c'est-à-dire une intervention structurante de l'État, devrait permettre de fonder durablement la société. L'homme devrait suspendre ses intérêts particuliers pour chercher à discerner l'intérêt général, dans le but de construire une société politique unie.

Rousseau considère que l'homme, en quittant l'état de nature, s'aliène totalement avec l'ensemble de ses droits à la communauté qu'il rejoint. La volonté individuelle se fonde alors, par le contrat social, dans la « volonté générale », seule habilitée à légiférer et à exercer la souveraineté. Il accorde ainsi à l'État la mission de poursuivre des fins qui s'imposent à l'ensemble des individus, par-delà leurs intérêts particuliers.

Mais l'intérêt général est un artifice, une faribole destinée à endormir les enfants pendant les longues soirées d'hiver. D'une part, l'homme ne s'aliène nullement au corps social lorsqu'il rentre en société ; il est un tout incontestable, qui ne peut être envisagé comme une partie d'une communauté non homogène. L'homme devient un être social non pas en sacrifiant ses propres intérêts à un Moloch mythique appelé Société, mais en cherchant à améliorer son propre bien-être. D'autre part, l'état de nature fantasmé par Rousseau est insensé ; l'homme n'a jamais été un être solitaire ; son essence est, au contraire, toujours sociale. Il naît en société et n'a donc pas à s'y aliéner par rapport à un état de nature imaginaire – il n'y a aucune souveraineté d'un ensemble d'individus sur un individu unique. Le bien public n'existe pas, le « tout » est un mythe – peu importe qu'il s'agisse d'une race, d'une classe ou d'un État.

Les politiciens, par essence interventionnistes car il faut bien qu'ils justifient leur existence, prennent prétexte de l'intérêt général pour justifier leur action, ce qui leur permet d'attenter impunément à la liberté et à la propriété d'autrui. Il est pourtant aisé de montrer que ce qu'ils présentent comme « intérêt général » n'est en fait, presque toujours, qu'un intérêt particulier, ou l'intérêt d'une partie de la population seulement. Un clown en marinière promeut-il le « patriotisme économique », cache-sexe du protectionnisme rassis, justifié par l'intérêt général du pays ? Ce n'est en réalité que l'intérêt de certaines entreprises, qui voient ainsi baisser la concurrence, ce n'est pas l'intérêt des consommateurs, qui vont payer plus cher les produits et auront moins de choix. Un maire annonce-t-il la construction d'un ouvrage public au nom de l'intérêt général de ses administrés ? On oublie ceux qui seront expropriés, ceux qui n'utiliseront jamais cet ouvrage, ceux qui auraient préféré que l'environnement reste intact. Une ministre annonce-t-elle des mesures de « santé publique » ? Mais en réalité, celles-ci renvoient à un certain paternalisme infantilisant (recommandations sur l'alimentation, l'hygiène), et elles pourraient tout aussi bien être gérées par une autorité indépendante non étatique ou par les médecins au niveau local (risques épidémiologiques, vaccinations).

La notion d'intérêt général, ce mythe, cette « idéologie » comme l'exprime Jacques Chevallier, n'est qu'un alibi, un arbre creux qui cache la forêt de l'exploitation du reste de la société par une caste privilégiée. L'intérêt général n'existe pas. Ce qui existe, c'est seulement l'idée que certains se font de ce qu'est à leurs yeux, et à leurs yeux seuls, l'intérêt général. Parfois ceux-ci sont sincères. Mais, comme le disait Milton Friedman, « les individus dont la seule intention est de favoriser l'intérêt général sont amenés par la main invisible politique à promouvoir un intérêt particulier qu'ils n'avaient pas l'intention de favoriser [2] ».

---

2. Milton FRIEDMAN, *La Liberté du choix*, Paris, Belfond, 1980, p. 294.

Pierre Rosanvallon ajoute, fort justement, que « depuis deux siècles, les Français n'ont cessé d'entretenir un rapport particulièrement équivoque à l'idée d'intérêt général. La haine du corporatisme et la dénonciation des intérêts particuliers, en tant qu'ils symbolisent en 1789 l'Ancien Régime, ont induit dans notre pays une conception abstraite de l'intérêt général. D'où l'impossibilité française de le penser comme un compromis entre des intérêts particuliers, sur le mode anglais ou allemand[3] ».

Ce qui fonde l'action des élus, ce n'est donc en rien l'intérêt soi-disant général, mais la nécessité pour eux de plaire aux électeurs et d'assurer leur réélection. La politique est un marché comme un autre, dans lequel les producteurs s'appellent les hommes politiques, et les acheteurs les électeurs. Contre les votes des seconds, les premiers échangent des promesses d'interventions publiques en leur faveur (subventions, niches fiscales, mesures lobbyistes diverses…). L'étude

---

3. « Fondements et problèmes de l'illibéralisme français », communication présentée devant l'Académie des sciences morales et politiques, 15 janvier 2001.

du marché politique permet de réaliser qu'il est tout sauf « démocratique ». Comme le note Henri Lepage, « les subventions se dirigent de préférence vers les secteurs dont les problèmes sont politiquement les plus apparents, où existent des groupes de pression organisés jouissant d'une expérience importante, et disposant d'armes efficaces pour intéresser la puissance publique à leurs problèmes et lui imposer leur conception de ce qu'il faut faire pour résoudre ces problèmes[4] ». L'intervention étatique n'est qu'aide clientéliste apportée à des intérêts privés.

La langue anglaise parle de *pork barrels* (« barils de porc ») pour désigner les « cadeaux » politiques (toujours payés par quelqu'un, faut-il le rappeler) accordés aux électeurs des circonscriptions tangentes ; le *pork-barrelling* est la pratique du favoritisme et du clientélisme politique, voire de la corruption. Les Tchèques parlent de *předvolební guláš* (« goulash pré-électoral ») ou de *porcování medvěda* (« morceau d'ours »), et

---

4. Henri LEPAGE, Conférence du 7 septembre 1991 organisée par le Cercle Frédéric Bastiat.

les Russes de казённый пирог (kazonnyy pirog, « gâteau officiel »). Le terme français un peu désuet est celui d'« assiette au beurre » (à rapprocher de « graisser la patte »), qui a le double sens de faveurs qu'on accorde ainsi que de privilèges dont disposent ceux qui ont le pouvoir.

Prenons un exemple concret. Au Venezuela, à Sucre, dix millions de dollars ont été distribués par Hugo Chávez pour limiter sa défaite aux élections régionales de 2008. Dans d'autres communes, il a distribué des matelas, des téléphones portables, des réservoirs d'eau, etc.

Les élus ne sont rien d'autre que des producteurs non de biens privatifs, mais de biens collectifs. De la même façon que l'entrepreneur court (légitimement) après le profit, l'élu est motivé par la recherche du pouvoir, c'est-à-dire par la recherche d'un capital électoral suffisant pour accéder et surtout se maintenir au pouvoir. L'entrepreneur politique se comporte donc de façon à maximiser ses chances de réélection. Il y réussit en décidant de produire des « biens collectifs » qui ne sont pourtant pas nécessairement demandés par toute la population, mais au moins par certaines catégories de citoyens qui, en échange, lui apporteront leurs voix[5]. Les électeurs sont des junkies en manque de faveurs et de privilèges, et les politiciens sont leurs dealers. Eux cherchent le pouvoir et l'argent.

Les politiciens ne peuvent pas faire autrement que de s'inscrire dans cette compétition pour le pouvoir, sinon ils ne seraient pas politiciens longtemps. Et les électeurs, eux, sont, à juste titre, des ignorants rationnels. Cela ne veut pas dire qu'ils sont stupides, bien au contraire. Pour la plupart des gens il est parfaitement rationnel de rester dans l'ignorance de certains sujets. Car l'acquisition de l'information entraîne des coûts, qui se payent en temps et en argent, et ils peuvent être non négligeables. En période électorale, très peu d'électeurs peuvent se permettre de se plonger dans les programmes des candidats, à part les chômeurs, les retraités et les fonctionnaires. Le coût d'acquisition de l'information est en effet très supérieur aux avantages pouvant être retirés de cette information, d'autant que

5. Voir Henri Lepage, *Demain le libéralisme*, Paris, Le Livre de Poche, coll. « Pluriel », 1980 ; Damien Theillier, « James Buchanan », *Le Bulletin d'Amérique*, 22 janvier 2013.

l'influence d'un vote sur le résultat de l'élection est une goutte d'eau par rapport à ce coût. Il en résulte que les électeurs ont une propension naturelle à gober ce que les politiciens leur disent. Ceci provoque une sorte de prime aux propositions les plus extravagantes et démagogiques. Les élus se concentrent non pas sur les décisions qui seraient les plus efficaces, mais partent à la recherche de celles qui ont le plus de chances de satisfaire une majorité d'électeurs.

Pour parvenir à se faire élire ou réélire, le politicien doit donc se faire démagogue par nature, coureur non seulement de jupons mais aussi de médias par nécessité. Démagogue et élu sont deux synonymes. L'élu prêche des doctrines qu'il sait être fausses à des gens qu'il sait être des idiots, selon le mot mordant de Mencken. Dès lors que la loi de la majorité produit non seulement la légalité mais aussi ce qui est juste, alors la démocratie n'est en réalité qu'une démagogie. La démocratie est une croyance pathétique en la sagesse collective de l'ignorance individuelle. On se croirait, la déco sous amphétamines et les pattes d'eph' en moins, dans un mauvais remake de *La Folle Mission du*

Dr Schaeffer. La meilleure ruse des élus, c'est de vous faire croire qu'ils sont vos bienfaiteurs avec votre propre argent. Rose Wilder Lane, la fille de Laura Ingalls Wilder, célèbre auteur de *La Petite Maison dans la prairie*, dit ainsi :

> La démocratie ne marche pas. Elle ne peut pas marcher, parce que tout homme est libre. Il ne peut pas transférer sa vie et sa liberté inaliénables à quelqu'un ou quelque chose extérieurs à lui-même. Quand il essaie de le faire, il cherche à obéir à une Autorité qui n'existe pas. Ce qu'il imagine être cette Autorité – Ra ou Baal ; Zeus ou Jupiter ; Cléopâtre ou le Mikado ; la Nécessité économique, la Volonté des masses ou la Voix du peuple – n'a pas d'importance. Le fait têtu est qu'il n'existe pas d'Autorité, de quelque ordre que ce soit, qui contrôle les individus. Ceux-ci se contrôlent eux-mêmes[6].

L'élu ne saurait donc être vu comme un représentant du peuple. L'origine même du pouvoir politique discrédite celui-ci de manière définitive. Le pouvoir politique est une organisation sociale imposée par un groupe vainqueur à un groupe vaincu,

---

6. Rose WILDER LANE, *The Discovery of Freedom* (1943), troisième partie, chap. V, épisode 4.

et son unique but est de réglementer la domination du premier sur le second en défendant son autorité contre les révoltes extérieures et les attaques intérieures. Les hommes politiques, ce sont une bande de brigands et de pillards embourgeoisés. Franz Oppenheimer a précisé qu'il y a deux manières, exclusives l'une de l'autre, d'acquérir de la richesse ; la première, c'est la production et l'échange, qu'il a appelée « la voie économique ». L'autre manière est plus simple parce qu'elle n'exige pas la productivité ; c'est l'accaparement des marchandises d'une autre personne, ou de ses services, par l'utilisation de la force et de la violence. C'est la méthode de confiscation unilatérale, du vol de la propriété des autres. C'est la méthode qu'Oppenheimer a nommée « la voie politique » d'accroissement de la richesse. Il devrait être clair que l'utilisation pacifique de la raison et de l'énergie dans la production est la voie « naturelle » pour l'homme : ce sont les conditions de sa survie et de sa prospérité sur cette terre. Il devrait être également clair que le moyen coercitif et exploiteur est le contraire de la loi naturelle ; il est parasitaire car, au lieu d'ajouter à la production, il en soustrait. La

« voie politique » siphonne la production au profit d'un individu ou d'un groupe parasite et destructeur.

Les élus et leur arme, l'État, constituent l'« organisation de la voie politique » ; c'est la systématisation du processus prédateur sur un territoire donné. L'État fournit un canal légal, ordonné et systématique, pour la prédation de la propriété privée ; il rend certaine, sécurisée et relativement « paisible » la vie de la caste parasitaire de la société. C'est une mafia légale, en quelque sorte. Comme la production doit toujours précéder la prédation, le marché libre est antérieur à l'État.

L'État n'a jamais été créé par un « contrat social » ; il est toujours né par la conquête et par l'exploitation, dont voici la parabole : imaginons un instant les vertes collines de Syldavie du Sud. Un groupe de bandits parvient à obtenir le contrôle physique du territoire, et finalement le chef de clan se proclame « roi du gouvernement souverain et indépendant de Syldavie du Sud ». Si lui et ses hommes ont une force suffisante pour maintenir cette règle pendant un moment (en catimini !), un nouvel État aura alors rejoint la « famille des nations », et les anciens chefs bandits auront été transformés en noblesse légale du royaume. Nos élus d'aujourd'hui en sont les héritiers en ligne directe. Un phénomène analogue est en train de se passer en Irak et en Syrie, si jamais un califat voit le jour prochainement.

Du prétoire au trottoir

> Dormez, dormez tranquille quand je vous
> [l'ordonne.
> Placez vos espérances en moi et que Dieu
> [vous pardonne.
> Applaudissez mes actes et buvez mes
> [paroles.
> Affichez ma photo dans toutes les écoles.
> [...]
> Nous allons faire de vos femmes de
> [bonnes mères.
> Votez pour moi, vous aurez la lumière[7].

Il n'est pas rare de présenter les élus comme des parangons de vertu. Toute la littérature politique ou presque porte les élus aux nues. On veut croire à la morale de Cicéron, l'intello égaré au milieu des caïds de la politique. On devrait

---

7. SILMARILS, « L'homme providentiel », *Original Karma*, 1997, East West France, Warner Music.

pourtant tirer quelque enseignement de ses *Philippiques* contre Marc Antoine, ne serait-ce que parce qu'elles lui valurent de finir la tête et les deux mains tranchées et apposées en joli ornement sur la tribune du forum romain. De nos jours, pourtant, diverses icônes incarnent dans l'imaginaire collectif la vertu en politique : Gambetta, Clemenceau, Mendès France, peut-être même Badinter de nos jours. Ces figures ont la particularité d'être à la fois bobo-compatibles et aussi, en quelque sorte, des rock stars du prêt-à-penser consensualiste. Prenons par exemple Léon Gambetta. Le plaidoiriste génial, pourfendeur du Second Empire et du coup d'État de Napoléon le Petit, l'incarnation par excellence du parti républicain, le héros de 1870, le chef du « grand ministère » de 1881. Gambetta est plus qu'un politicien parmi d'autres, il constitue un pilier du roman national. On lui consacre des biographies reluisantes en nombre. Pour ne rester que dans l'actualité récente, les livres consacrés au tribun de Cahors rivalisent de titres ronflants : *Gambetta, héraut de la République* de Pierre Antonmattei, *Léon Gambetta. Tribun et stratège de la République* de Pierre Barral, ou encore

Léon Gambetta. La Patrie et la République de Jean-Marie Mayeur. Gambetta incarne en quelque sorte la qualité que la pensée politique classique confère aux hommes politiques, qui doivent être honnêtes citoyens, quitte à ne pas être honnêtes hommes. C'est le sens des écrits d'Aristote, qui considère que pour être digne de commander, il faut être certes vertueux mais surtout habile. Machiavel poussera cette idée jusqu'à son paroxysme, retournant comme une crêpe le sens ordinaire de la vertu. La vertu en politique, dit-il, n'est en rien une forme de droiture morale. C'est une certaine habileté. Il en fait plus qu'un simple concept moral. La *virtù*, au sens du Florentin, c'est d'abord un concept politique, qui désigne les qualités qui rendent un homme propre à l'exercice du pouvoir politique. C'est à la fois une force de caractère, un talent politique, une capacité à changer selon les circonstances, à faire pencher la balance des événements en sa faveur, afin d'atteindre la fortune politique. La vertu politique est donc une habileté, un écran de fumée, une ruse, une roublardise, soit l'exact opposé du sens ordinaire du mot « vertu ». Elle relève plus du bagout de la vendeuse de fanfreluches que de l'ascétisme aride du hussard noir de la République.

Là encore, on peut faire un sort à ces fariboles. Il convient de se poser à nouveau cette simple question : Les élus sont-ils réellement honnêtes ? En quoi diable seraient-ils moralement exemplaires ?

Les hommes politiques respirent l'honnêteté au rythme d'un asthmatique. L'honnêteté en politique est quelque chose d'aussi courant que le cochon de mer. Les exemples abondent de politiciens qui racontent tout et n'importe quoi, qui sont prêts à promettre monts et merveilles pour avoir une place au soleil. Nul besoin ici de longs développements.

En premier lieu, il est dans l'empreinte génétique d'un élu de promettre des choses intenables. Prenons pour illustrer notre propos le pseudo-documentaire de Michel Royer et Karl Zéro, *Dans la peau de Jacques Chirac*, sorti en 2006. L'ancien président est l'idéal-type du politicard pétri de contradictions à répétition, finaud et roublard, entouré d'aigrefins, prêt à tout pour conquérir le pouvoir, et en particulier à éliminer ses adversaires (ne disait-il pas : « Je vous ai eus à l'usure quand tant d'autres ont perdu au mérite » ?). En

mai 1981, il confesse cet aveu terrible :
« On fait des cadeaux avant les élections, et
on décide les impôts tout de suite après[8]. »
Chirac, comme tout homme politique,
promet à ses électeurs le bonheur, comme
la prostituée promet à ses clients l'amour[9].
Les scrupules et la grandeur, voilà bien
deux notions incompatibles. Les élus ont
fait leur choix.

Il est par conséquent nécessaire, pour
bien comprendre le fonctionnement mental d'un élu, de savoir décoder ses élé-
ments de langage, sa logique. Par exemple,
quand un politicien prétend qu'il tiendra
bien ses promesses, il faut entendre par
là qu'il n'est pas près de les lâcher. Il y
a des politiciens qui, si leurs électeurs
étaient cannibales, leur promettraient des
missionnaires pour le dîner.

De surcroît, les élus sont de parfaites
girouettes. Non contents de promettre aux
électeurs ce qu'ils veulent entendre, ils
baignent aussi dans un océan permanent

---

8. Jacques CHIRAC, conférence de presse, 26 mai
1981.
9. On pourrait dire également : « Putain : personne
publique qui racole, fait des promesses, monnaie
ses avantages, se fait payer d'avance et vous
baise. Député : idem » (Régis Hauser).

de contradictions. Comme le disait le cardinal de Retz dans ses *Mémoires*, « il faut souvent changer d'opinion pour être toujours de son parti ». Coluche a eu un mot encore plus cruel, soulignant qu'en période électorale, les hommes politiques trahissent des inquiétudes, faute de mieux. Pour mesurer à quel point la vérité en politique est un concept abstrait, regardez par exemple les tweets de nos élus, selon qu'ils rongent leur frein dans l'opposition, ou que, passés dans la majorité, ils écrasent de leur fatuité tous leurs adversaires. François Hollande dans l'opposition : « L'impopularité ne révèle pas le courage. L'impopularité révèle la défiance des Français envers ceux qui les dirigent[10]. » Dirait-il cela alors qu'il est actuellement à 13 % d'opinions favorables dans les sondages ? De plus, à rebours de ses promesses électorales, il annonce en janvier 2014 un pacte de responsabilité avec les entreprises, qui fait de lui une sorte de Margaret Thatcher en scooter. Un pacte de responsabilité ? Mais bien sûr… Venant de Hollande, ça sonne aussi juste qu'un pacte de chasteté venant de

---

10. François HOLLANDE, tweet du 2 mai 2012.

DSK ou un pacte de probité venant de Balkany. On se souvient aussi du tweet de Ségolène Royal : « Le chômage a encore augmenté. La France n'est ni présidée, ni gouvernée[11]. » Celle-là même qui disait en 2011 : « Le point faible de François Hollande, c'est l'inaction. Est-ce que les Français peuvent citer une seule chose qu'il aurait réalisée en trente ans de vie politique[12] ? » Dirait-elle encore cela une fois passée dans la majorité et entrée au gouvernement ?

Enfin, les élus n'hésitent pas un instant à mentir de manière éhontée. Le cas de Jérôme Cahuzac en fournit un exemple récent, mais il est très loin d'être exceptionnel. On se souvient, entre mille exemples, de Jean-François Copé manifestant contre le mariage pour tous, dont il s'accommode parfaitement en privé. De Christiane Taubira niant connaître le contenu des écoutes de Nicolas Sarkozy. Mentir c'est un peu la base du job d'un élu. Mentir, pour lui, c'est comme prendre le métro pour vous. Une activité banale et qui ne mérite pas de commentaire

---

11. Ségolène ROYAL, tweet du 28 juillet 2011.
12. Ségolène ROYAL, *Le Figaro*, 8 septembre 2011.

particulier. Du reste, cela demande un certain talent, qu'il ne faudrait pas minorer. « Il n'y a point d'homme qui débite et répande un mensonge avec autant de grâce que celui qui le croit », lit-on dans le traité de John Arbuthnot (ou Jonathan Swift, le doute persiste) publié en 1733, *L'Art du mensonge politique*[13]. Il évoque une question centrale : Faut-il cacher la vérité au peuple pour son bien, le tromper pour son salut ? Oui ! Qu'on le gouverne donc par le mensonge, qui est « l'art de convaincre le peuple », l'art de lui faire croire des faussetés salutaires, qu'il s'agisse du mensonge de calomnie (qui a pour objet la diffamation), du mensonge d'addition (qui a pour but de prêter à un individu des actions bénéfiques dont il n'est pas l'auteur), ou encore du mensonge de translation (attribuer ses actions à un autre que soi). Lorsqu'il cherche à savoir s'il est préférable de combattre un mensonge par la vérité ou par un autre

---

13. John Arbuthnot ou Jonathan Swift, *L'Art du mensonge politique*, précédé de *Le Mentir vrai*, Grenoble, Jérôme Millon, 2007. La couverture de cette réédition récente ne mentionne toutefois que Swift, sans doute plus connu de nos contemporains.

mensonge, Arbuthnot conclut qu'il vaut mieux employer la seconde méthode. Il dit enfin : « Vous reconnaîtrez leurs mensonges aux serments excessifs qu'ils vous font à plusieurs reprises. » On croirait entendre à nouveau l'inoubliable tirade de « Moi président ». « On peut préférer l'indignation à l'ironie, dit Arbuthnot, dénoncer la corruption de la vie publique, réclamer sa transparence et s'étonner de la persistance du mensonge dans les mœurs politiques » – l'exacte attitude de François Hollande. Son projet de loi sur la moralisation de la vie politique est la reconnaissance officielle de la corruption à tous les étages. On parle de 40 parlementaires qui auraient des comptes dans la fameuse banque UBS.

Arbuthnot proposait de nombreux conseils aux élus de son temps, qui restent encore ô combien valides de nos jours. En voici quelques-uns : soustraire les mensonges à toute vérification possible ; ne pas outrepasser les bornes du vraisemblable ; faire varier les illusions à l'infini… Dans un chapitre désopilant, il propose même d'instituer une « société des menteurs », sorte de lobby rationalisé qui aurait pour but de divulguer exclusivement de fausses informations. On croirait lire ici la description du parti politique au pouvoir.

Contrairement à ce que l'on pourrait penser, mentir n'est ni regarder ailleurs, ni bégayer, ni chercher ses mots ou transpirer. Pour mentir, il faut savoir être sûr de soi, être doté d'une grande force de persuasion, regarder dans les yeux, bref, se contrôler avec beaucoup d'efficacité. Le discours politique est assimilable au discours publicitaire : il cherche à placer un produit particulier, ici une décision ou un projet. Il affirme, sans avancer de preuve. Il habille de belles parures l'objet du discours, met en avant les avantages et passe sous silence les inconvénients. Il dénature la réalité pour mieux persuader et emporter l'adhésion. Il arrive d'ailleurs que le produit ainsi décrit soit effectivement bon, mais la méthode utilisée ne permettra jamais de le savoir, et le doute restera. Dans le discours politique et dans la publicité, le vrai et l'honnête côtoient le faux et l'incorporent, mais la difficulté de les distinguer ne contribue pas à effacer le leurre initial.

Mentir, c'est souvent promettre n'importe quoi, n'importe comment et à n'importe qui. Mais c'est aussi parfois masquer les faits, les arranger, mentir par omission, pour ne pas dire manipuler les électeurs. V, le héros de *V pour Vendetta*, dit ainsi : « Mon père était écrivain. Il vous aurait plu. Il disait que les artistes utilisaient les mensonges pour dire la vérité, et que les politiciens le faisaient pour cacher la vérité. » Nul meilleur exemple que la courbe du chômage en 2014. Par le biais de je ne sais quelle pensée magique, les ministres des gouvernements Ayrault et Valls proclament superbement que les résultats sont là et les chiffres positifs, au moment même où la courbe, elle, continue tranquillement de monter. Lorsque les mots perdent leur sens, les hommes perdent leur liberté.

Dans quelques cas extrêmes, la manipulation de masse n'est pas à écarter, et les écrits de Gustave Le Bon ne sont pas obsolètes. On se souvient du film *Des hommes d'influence*, de Barry Levinson. Le candidat à la présidence des États-Unis est éclaboussé par un scandale sexuel quelques jours avant le début de l'élection présidentielle. Pour détourner l'attention des électeurs, ses conseillers décident d'inventer une guerre dans quelque coin perdu d'Europe.

Les élus sont-ils moralement exemplaires ?

George Bernard Shaw disait avec raison que « les hommes politiques et les couches des bébés doivent être changés souvent... et pour les mêmes raisons ». Un bon politicien est aussi impensable qu'un cambrioleur honnête. La corruption fait partie intégrante de leur mode de fonctionnement courant. Regardons encore un instant du côté du cinéma pour illustrer notre propos, et franchissons les Alpes. Paolo Sorrentino a consacré en 2008 un film à l'inoxydable Giulio Andreotti, intitulé *Il Divo*. Il retrace la carrière politique interminable de celui qui a fait partie de 33 gouvernements, qui a été sept fois président du Conseil. Ouvertement lié à la mafia, il devient sénateur à vie en 1992. Corrompu jusqu'à l'os, Andreotti est à la probité ce que Miley Cyrus est à la distinction. Sorrentino examine le réseau impénétrable des relations qui ont permis à Andreotti de rester tout ce temps au pouvoir en occupant des positions différentes. Le spectateur découvre éberlué le côté noir de l'homme de pouvoir tout-puissant, *il divo*, impliqué dans de nombreux crimes de la mafia. Shakespeare n'avait-il pas écrit : « Si les empires, les grades, les places ne s'obtenaient pas par la corruption, si les honneurs purs n'étaient achetés qu'au prix du mérite, que de gens qui sont nus seraient couverts, que de gens qui commandent seraient commandés » ?

Un autre film italien nous permettra d'illustrer un aspect complémentaire, l'absence totale de scrupules des élus. Dans *Il Caïmano*, Nanni Moretti expose la carrière de Silvio Berlusconi, incarné par Elio De Capitani. Le film raconte l'histoire d'un producteur fauché, qui tombe sur un scénario dressant un bilan critique du Condottiere. Alors qu'il tente de monter son projet, il se heurte à de multiples obstacles : l'un après l'autre, sponsors, comédiens, producteurs, stations d'émissions se retirent du projet. Quand les thèmes sont trop critiques ou trop actuels, quand la cible visée détient le pouvoir, la censure plus ou moins ouverte abat ses cartes. L'histoire détournée racontée par Moretti est révélatrice des difficultés qu'un film critique sur Berlusconi pouvait rencontrer. Le manque de scrupules et la connivence des puissants sont souvent dénoncés dans le cinéma transalpin, bien plus critique que le français à l'égard des pouvoirs établis. En 1970, Elio Petri tournait déjà *Enquête sur un citoyen au-dessus de tout soupçon* et fustigeait l'impunité de l'appareil d'État, des politiques et des policiers.

Enfin, les élus n'hésitent pas à sombrer dans la pire des connivences. Le népotisme est chez eux une seconde nature[14]. On se souvient des déboires d'un certain Jean Sarkozy lorsqu'il fut subitement propulsé à la tête de l'EPAD (établissement public d'aménagement de La Défense) alors que son diplôme de droit n'était pas tout à fait acquis ; cela avait fait beaucoup rire la presse. D'autres situations, plus insidieuses, peuvent toutefois être mentionnées. Prenons le cas de Jean-Paul Huchon, président de la région Île-de-France, qui n'hésite pas à verser quatre cent mille euros au musée de la Solidarité à Santiago du Chili, qui a l'auguste honneur d'abriter sa belle-fille. Quatre cent mille euros, comme le rappelle justement le bloggeur h16, « c'est un smicard qui bosse à plein temps pendant seize ans, charges patronales incluses[15] ». Prenons aussi l'exemple d'Amin Khiari,

---

14. Voir l'article désopilant d'h16, « Le népotisme en cinq leçons », *Contrepoints*, 6 février 2014.
15. H16, « Aujourd'hui, zoologie : le huchon nicheur du Chili », *Hashtable*, 5 janvier 2010.

le fils de la vice-présidente socialiste du Sénat, viré du pôle universitaire Léonard-de-Vinci parce qu'il manquait cruellement de compétences, tout en touchant cent soixante-cinq mille euros par an. Le pompon, bien sûr, intervint peu après, lorsque sa délicieuse maman tenta de récupérer pour lui… la présidence de l'EPAD ! Citons enfin Salomé Peillon, nommée, semble-t-il, à un prestigieux poste d'attachée culturelle à l'ambassade de France en Israël, sur la douce intervention de papa.

Il ne faut jamais oublier que la politique est une lutte d'intérêts déguisée en débats de grands principes. C'est une conduite d'affaires publiques pour un avantage privé. La politique permet à tout le monde, même les meilleurs d'entre nous, de convoiter, mentir, voler, spolier et même tuer à l'occasion. La véritable icône, c'est François Mitterrand. Il disait : « En politique, rien n'est plus difficile à garder qu'un secret. On l'a à peine confié à quelqu'un en lui disant de ne rien répéter, qu'il court déjà Paris. Or le secret, c'est l'atout clé en politique. Voilà pourquoi j'ai toujours pris mes aises avec la vérité. » Occultation de Mazarine, réécriture de sa trajectoire historique à Vichy, manipulation du parti communiste, instrumentalisation de

Le Pen, les illustrations abondent. Comme le disait encore Coluche, « la moitié des hommes politiques sont des bons à rien. Les autres sont prêts à tout ».

La conjuration des ego

> « Les gouvernants gouvernent l'État ; les technocrates, les gouvernants ; et la vanité les gouverne tous. »
>
> Georges ELGOZY

On confère souvent aux élus de chatoyantes qualités individuelles : le courage, la ténacité, le dévouement. Et même s'il y a – comme partout ! – quelques brebis galeuses sinon gâteuses, l'écrasante majorité des élus ferait son job dans un altruisme de tous les instants. Les politiciens seraient des boy-scouts en costume Armani.

Cette parabole n'est pas sans charme. Elle a toutefois un petit défaut. Elle est parfaitement fausse.

Les hommes et les femmes politiques sont des gens certes comme les autres, avec leurs qualités et leurs défauts. Mais les fonctions qu'ils détiennent, ou auxquelles ils aspirent, les conduisent à exercer un pouvoir tutélaire sur le *servum pecus*, le troupeau servile, que nous constituons[16]. Et ce n'est précisément pas monsieur ou madame Tout-le-monde qui rêve nuit comme jour de confisquer, pour son usage propre, un tel pouvoir exorbitant. Fort heureusement pour nous, d'ailleurs. Alors que Gracchus Babeuf et ses amis tentaient de renverser le Directoire en l'an IV, en dénonçant les privilégiés qui selon eux tiraient profit de la Révolution, à nous de mettre à bas la conjuration des ego composée de la caste dirigeante.

Il nous faut ici nous tourner vers les enseignements de la psychologie politique. Cette discipline méconnue est née aux États-Unis en 1942, lorsque des psychologues ont tenté de dessiner le profil d'Adolf Hitler. Durant la guerre froide, Est et Ouest ont rivalisé de talents pour cerner au mieux la personnalité du grand ennemi. De nos jours, cette discipline fait encore les beaux jours des consultants des services secrets. Elle conjugue une analyse du discours

---

16. HORACE, *Épîtres*, I, XIX, 19. Voir Ludovic DELORY, *Silence, les agneaux. L'État décide pour vous*, Bruxelles, Luc Pire, 2010, pour une illustration contemporaine.

spontané (en particulier les interviews) à une analyse des expressions faciales et des gestes, et enfin exploite les questionnaires et entretiens des proches et des adversaires de chaque cible « profilée ». Elle va nous aider à mettre à bas quelques-uns des poncifs les plus éculés au sujet des politiciens.

La première qualité psychologique que les hommes politiques incarnent, c'est celle de *l'infaillibilité*. On sait déjà, depuis les légistes de l'Ancien Régime et le roi anglais Charles Ier, que « le roi ne peut mal faire ». Les élus d'aujourd'hui sont les héritiers en ligne directe de ce vieil adage. Les illustrations ne manquent pas. C'est Napoléon réglementant la Comédie-Française en pleine campagne de Russie, c'est la fixation du prix du pain sinon des fromages par de Gaulle, c'est l'impunité parlementaire de Serge Dassault, c'est l'inviolabilité du président de la République, protégé durant son mandat de tout, sauf du ridicule. La Ve République a fait du président un être tout-puissant, qui a la justice et la police à ses ordres, sinon la nation tout entière[17]. En toute circonstance, le politicien, sans

---

17. François MITTERRAND, *Le Coup d'État permanent*, Paris, Les Belles Lettres, 2010.

doute massivement bombardé de rayons gamma comme le héros de Marvel, est réputé par définition infaillible, omnipotent et omniscient. Ce n'est pas l'élu mandaté par le peuple, c'est Néo, l'élu de Matrix. Une sorte de lumière cosmique planerait au-dessus de la tête de nos politiciens, les rendant *ipso facto* plus intouchables encore que leurs homonymes hindous.

L'idéal-type de l'élu infaillible est d'origine ancienne. Thucydide faisait déjà de Périclès le premier citoyen de sa patrie[18]. Platon, lui, fera du philosophe le premier politique moderne, en ce qu'il ne peut point faillir. La société idéale de Platon, c'est un cauchemar totalitaire où l'individu est sacrifié à la collectivité. Popper a raison de considérer que *La République* de Platon est l'incarnation de la vanité de celui-ci, qui se rêvait en « roi-philosophe » de sa cité idéale[19].

---

18. Jacqueline DE ROMILLY, « L'optimisme de Thucydide et le jugement de l'historien sur Périclès (Thuc. II 65) », *Revue des études grecques*, t. 78, fasc. 371-373, juillet-décembre 1965, p. 557-575.

19. Karl POPPER, *La Société ouverte et ses ennemis, tome I : L'ascendant de Platon*, Paris, Seuil, 1979.

On trouve cet idéal-type dans les utopies et uchronies des XVIIe et XVIIIe siècles. L'île de Bensalem est gouvernée par une société philosophique savante dans *La Nouvelle Atlantide* de Francis Bacon[20]. Chez lui comme chez Thomas More, encore que ce dernier maniait l'ironie, la vie privée, les jeux, l'adultère, l'enrichissement, l'humour sont des vices bannis et qui mettent en danger la vie même de celui qui s'y livre. Dans un isolement presque total, le maître des îles utopiques exerce la plus sombre des tyrannies. La transparence imposée aux individus les transforme en méduses translucides et vides[21]. On imagine aisément Fouquier-Tinville maire, Saint-Just ministre de l'Intérieur, Carrier aux Affaires maritimes et Torquemada garde des Sceaux.

Un exemple encore plus parlant est fourni par Tommaso Campanella. Ce moine dominicain a écrit une sympathique fable, *La Cité du Soleil*, en 1602, quatre-vingt-six ans après *L'Utopie* de

---

20. Francis BACON, *La Nouvelle Atlantide*, éd. posthume, 1627.
21. Formule empruntée à l'excellent essai de Gaspard KŒNIG, *Les Discrètes Vertus de la corruption*, Paris, Grasset, 2009.

More. Elle symbolise au plus haut point l'infaillibilité des dirigeants. Campanella est une sorte de fou mystique, extrémiste théocratique qui fait peur à l'Église de Naples elle-même, au point qu'elle le condamne pour hérésie et l'enferme. Et c'est en détention que Campanella imagine sa cité. À l'occasion d'un dialogue entre un marin génois et un chevalier de l'Ordre de Malte, il expose son monde idéal, délirant et pourtant promis à un bel avenir. Avec une économie totalement étatisée et planifiée, une société qui pratique l'eugénisme, Campanella imagine un pouvoir confié à des chefs infaillibles, sortes de demi-dieux omniscients, qui vomissent les lois comme d'autres l'alcool frelaté.

Autre illustration, le *Voyage en Icarie* d'Étienne Cabet. Les malheurs de l'humanité sont dus, selon Cabet, à la « mauvaise organisation de la Société », résultant dans son « vice principal », de l'« Inégalité ». Le remède, l'unique remède au mal, c'est la suppression de l'opulence et de la misère, c'est-à-dire l'établissement de l'égalité, de la communauté de biens et d'une bonne éducation. Placés en épigraphe de *Voyage en Icarie*, quatre principes de base organisent la vie des citoyens : 1) vivre ;

2) travailler ; 3) donner selon ses forces ; 4) recevoir selon ses besoins. Le mobilier de chaque maison est identique, les vêtements uniformes sont définis selon l'âge, la fonction et le sexe, et sont élastiques pour convenir à plusieurs tailles. Chacun reçoit la même nourriture, préparée dans des cuisines collectives selon des normes diététiques établies par un comité de spécialistes. Ce qui prime, c'est l'intérêt supérieur de la communauté (et de ses chefs) auquel doivent se soumettre toutes les volontés et toutes les actions. Face à de tels délires qui ne reculent devant rien, on pourrait se contenter d'un haussement d'épaules.

Il n'empêche que cette vision idyllique – et un brin risible – des gouvernants a connu une immense postérité. Il n'est qu'à lire la prose des extrémistes de la volonté générale et du soi-disant contrat social que personne n'a jamais vu ni signé, Rousseau bien sûr, mais aussi Mably, Saint-Simon, Fourier ou Cabet, pour mesurer l'influence de ces sympathiques pisse-copies sur le modèle républicain contemporain. Comme le disait Henry Mencken, « le pire des gouvernements est souvent celui qui est le plus moral. Un gouvernement de cyniques

est souvent très tolérant et très humain.
Mais quand des fanatiques gouvernent, il
n'y a pas de limite à l'oppression[22] ». Il
est assez logique, somme toute, que les
adeptes de l'obscurantisme ne soient pas
des lumières.

On affuble aussi, fréquemment, les
élus d'une sincère volonté de changer
le monde, de faire bouger les lignes des
situations incrustées. C'est le *mythe de
Prométhée*, l'incarnation de l'*hybris* et
de l'arrogance, la présomption fatale qui
consiste à se croire en capacité de changer
la société et le sort des individus par un
simple oukase[23]. André Gide dans *Les
Nouvelles Nourritures* n'annonçait-il
pas clairement le rôle qu'il assignait aux
gouvernants ? « Ce n'est pas seulement
le monde qu'il s'agit de changer, mais
l'homme. »

On observe un flot diarrhéique de
pensées qui se proposent de changer le
monde, qui fournissent les outils que

---

22. Henry Louis MENCKEN, *Minority Report : H.L.
Mencken's Notebooks* (1956), Johns Hopkins
University Press, 2006, p. 33.

23. Voir l'indispensable ouvrage de Friedrich A.
HAYEK, *La Présomption fatale*, Paris, PUF, 1993.

les élus de demain, ou ceux qui aspirent à le devenir, pourront reprendre à leur compte. Les altermondialistes se sont en particulier illustrés dans cet exercice, entre deux saccages de congrès internationaux. Prenez les films de Ken Loach, notamment *The Navigators* et *It's a Free World !*, *L'An 01*, de Jacques Doillon et Alain Resnais, *La Belle Verte*, de Coline Serreau, et les essais qui tous nous promettent le meilleur des mondes. Voici par exemple ce que l'on peut lire en quatrième de couverture de *Changer le monde : [nouveau] mode d'emploi* (excusez du peu) de Chico Whitaker, le cofondateur du Forum social mondial de Porto Alegre : « L'altermondialisme n'a pas d'avenir s'il reste prisonnier des vieux réflexes politiques du xxe siècle ; avant-garde éclairant le peuple, rôle dirigeant du parti, programme unique de revendications et directives à appliquer à tous. [...] Whitaker nous présente le nouveau mode d'emploi pour changer le monde proposé par les forums sociaux mondiaux. Tout en renforçant l'espace où se rencontrent ceux qui, dans leur diversité, font déjà l'expérience de changer le monde, il repousse l'idée de transformer les forums en une nouvelle Internationale[24]. » L'orgueil et l'arrogance des puissants est comme les fleuves, qui grossissent en s'éloignant de leur source.

Fondamentalement, parfois avec les mêmes mots, parfois avec d'autres à la signification identique (les élus de droite parlent plus volontiers de « réforme », mais le dessein est le même), les élus seraient sincèrement convaincus et en capacité d'influer notablement, et en bien, notre destin. N'avions-nous pas un ministre du Redressement productif, absolument convaincu d'incarner Siegfried terrassant le dragon des Nibelungen pour mieux baiser Kriemhild ? Évidemment notre Prométhée en marinière devrait apparaître, pour tout individu un minimum pondéré, comme un type passablement givré. Mais « la folie, chez un homme politique, c'est un peu comme la tuberculose pour les mineurs du siècle de Zola, une maladie professionnelle, un risque difficilement évitable[25] ».

24. Chico WHITAKER, *Changer le monde : [nouveau] mode d'emploi*, Paris, Éditions de l'Atelier, 2006.
25. Pascal DE SUTTER, *Ces fous qui nous gouvernent. Comment la psychologie permet*

La société, ce n'est pourtant pas de la pâte à modeler pour les politiques. Cette métaphore n'est pas innocente, tant les élus sont de grands enfants, dont la personnalité a été – comme pour la plupart d'entre nous – forgée par une enfance particulière. Napoléon, lucide, ne disait-il pas : « Combien d'hommes supérieurs sont enfants plusieurs fois dans la journée[26] ? »

Les politiciens développent ainsi trois traits caractéristiques qui altèrent leur jugement et les amènent, sans qu'ils s'en rendent compte, à adorer comme Narcisse leur propre image, et corrélativement à s'imaginer tout-puissants pour changer le monde. Jean-David Nasio, psychologue et psychanalyste, décortique la structure mentale propre aux hommes politiques. Il en ressort, en premier lieu, que ceux-ci ont un surmoi puissant. Ceci signifie qu'ils croient en certaines valeurs qu'ils ont

---

de comprendre les hommes politiques, Paris, Les Arènes, 2007, cité dans la revue *Sciences humaines*, n° 183, juin 2007.

26. Emmanuel DE LAS CASES, *Mémorial de Sainte-Hélène: ou, Journal où se trouve consigné, jour par jour, ce qu'a dit et fait Napoléon durant dix-huit mois*, Volume 2, Dépôt du Mémorial, 1824, p. 371

forgées en eux, en des axiomes issus du modèle familial, soit pour s'y conformer, soit pour s'y opposer. Parfois ce surmoi dérive jusqu'à la mégalomanie, celle d'un de Gaulle déclarant : « Je suis la France. » Par ailleurs, les élus ont aussi un moi très développé. L'amour du pouvoir non seulement pour son titulaire, mais plus encore pour les aigrefins qui flattent l'élu afin d'en tirer un quelconque profit, exacerbe son narcissisme. Enfin, le politicien, comme l'enfant capricieux, a toujours été valorisé pour ce qu'il faisait par son entourage. Il en résulte que toute son énergie se trouve dirigée vers la réalisation de ses désirs, sans la moindre pondération, sans négociation, sans régulation, mais selon sa seule impulsivité.

Trois conséquences principales en découlent. D'une part, une incapacité à accepter la résistance, l'objection, à comprendre la complexité des interactions sociales. Le politicien est volontiers caractériel, borné, impatient. D'autre part, un optimisme irrationnel, une conviction qu'en toute circonstance, une bonne étoile brillera toujours sur la tête de l'homme politique, même en pleine traversée du désert. Cet optimisme béat se mue tôt ou tard en arrogance, la vertu des grands hommes, comme la timidité est le défaut des petits[27]. Enfin, un sentiment de toute-puissance qui les amène volontiers à disposer d'autrui corps et âme. Corps surtout. Robert Weiss, auteur de *Why Men in Power Act Out* (« Pourquoi des hommes de pouvoir vont trop loin »), explique que les individus qui assument d'importantes responsabilités politiques et qui sont à l'apogée de leur pouvoir constituent un incubateur de choix pour délinquants sexuels. De Moshe Katsav à Silvio Berlusconi, de DSK à Georges Tron, les exemples ne manquent pas.

Les élus sont de parfaites illustrations des « parents toxiques » de Susan Forward[28]. Tout comme les pères ou mères dominateurs, critiques, manipulateurs,

---

27. Voir Marie-Claire Blais, *Manuscrits de Pauline Archange : Vivre ! Vivre ! Les Apparences*, Paris, Boréal, 2011.

28. Voir Susan Forward, *Parents toxiques. Comment échapper à leur emprise*, préface de Danielle Rapoport, Paris, Marabout, 2007. Voir aussi, du même auteur, *Ces gens qui font du chantage affectif*, Paris, Éditions de l'Homme, 2010, et Marie Andersen, *L'Emprise familiale. Comment s'affranchir de son enfance et choisir enfin sa vie*, Bruxelles, Ixelles Éditions, 2011.

irascibles et même parfois violents[29], les élus sont à la fois les héritiers de déséquilibres psychologiques majeurs et les ferments de traumatismes émotionnels dans leur entourage. Parfois la prédation sexuelle et l'ascendant psychologique se croisent, ce qui détruit doublement la victime. Parmi de multiples exemples, citons ces phrases de Zoé Shepard, haut fonctionnaire sanctionnée pour avoir écrit ceci : « Les conseillers municipaux ont quelques heures de vol : ils sont à peine moins vieux que des sénateurs, c'est dire… Sauf que s'ils ont approximativement l'âge de Paul Newman dans *Le Verdict*, physiquement, ils sont son antithèse. La plupart d'entre eux se sont pourtant tragiquement auto-persuadés que le pseudo-pouvoir qu'ils détiennent les rend irrésistibles aux yeux des femmes. Jeunes, évidemment. Parce que la sexagénaire ménopausée et grisonnante, ils l'ont déjà dans leur lit. Et comme une cour de flagorneurs leur lèche les Weston à longueur de journée, ils finissent forcément

---

29. « Enculé de ta race, je vais faire descendre les cités de Montreuil, sale fils de pute » (Razzy Hammadi, député PS, janvier 2014).

par être convaincus de leur puissance. Et donc de leur séduction. » Elle cite un élu, « une espèce de vieux beau, bronzé du 1er janvier au 31 décembre, qui s'est convaincu que puisque je travaille dans la collectivité, je lui dois allégeance. Évidemment pas une allégeance purement intellectuelle. Sa galanterie et ses manières de gentleman lui ont valu le surnom de Fred-les-mains-baladeuses[30] ».

Un dernier mythe mérite d'être évoqué. On dit parfois, non sans raison, que pour diriger une ville, une région, un pays, il faut être doté non seulement d'une force morale sans faille, être habité d'un sentiment d'exemplarité, mais encore être *supérieurement intelligent*. Les énarques constituent entre 51 et 75 % des cabinets ministériels, trois des quatre derniers présidents de la République sont issus de l'ENA tout comme l'écrasante majorité des Premiers ministres et des ministres depuis les années 1970. Lorsqu'ils ne sont pas énarques, les hommes politiques de

---

30. Zoé SHEPARD, *Absolument dé-bor-dée*, Paris, Albin Michel, 2010, p. 53.

premier plan viennent d'autres grandes écoles d'État analogues (Polytechnique, ENS Ulm). Thucydide fait de Périclès le premier des Athéniens parce qu'il détient cette grande vertu qu'est l'intelligence, c'est-à-dire la faculté d'analyser une situation politique, de prévoir exactement l'événement et d'y répondre par un acte.

La psychologie nous apprend que s'ils sont effectivement intelligents, les hommes politiques le sont socialement. Ils disposent d'un sens inné de la maîtrise de leur propre image, pas seulement dans les médias mais aussi dans la vie de tous les jours. Ils ont par ailleurs une intuition affective immédiate du ressenti des autres, et savent en tirer le plus grand profit. Enfin, loin d'être idiots, ils maîtrisent l'idiolecte, c'est-à-dire le verbe, la communication orale, à la perfection. Lorsque nous demandons où est notre liberté, on nous montre dans nos mains nos bulletins de vote. Mais ceux qui méprisent l'homme, qui en font un moyen au service de leurs desseins plus ou moins avouables, ne seront jamais de grands hommes.

Les politiciens ne sont pas des petits égaux, mais ont de grands ego. Selon le mot cruel et juste de George Bernard Shaw, dès lors que l'on ne sait rien et croit tout savoir, cela présage indubitablement une carrière politique.

Il est pour le moins paradoxal que des individus qui ne brillent ni par leur infaillibilité, ni par leur droiture morale, ni même par leur intellect et leur capacité d'analyse, aient néanmoins la prétention, comme Sauron, de nous gouverner tous. Il est vrai que la politique est le seul métier qui se passe d'apprentissage, puisque les fautes en sont supportées par d'autres que par ceux qui les ont commises. Il est temps de retourner aux hommes politiques le questionnement d'Ayn Rand dans *La Grève* :

> Vous proposez d'établir un ordre social fondé sur le principe suivant : que vous êtes incapables de diriger votre vie personnelle, mais capables de diriger celle des autres ; que vous êtes inaptes à vivre librement, mais aptes à devenir des législateurs tout-puissants ; que vous êtes incapables de gagner votre vie en utilisant votre intelligence, mais capables de juger des hommes politiques et de les désigner à des postes où ils auront tout pouvoir sur des techniques dont vous ignorez tout, des sciences que vous n'avez

jamais étudiées, des réalisations dont vous n'avez aucune idée, des industries gigantesques dans lesquelles, selon votre propre aveu, vous seriez incapables d'exercer les fonctions les plus modestes[31].

---

31. Ayn RAND, *La Grève. Atlas Shrugged*, trad. S. Bastide-Foltz, Paris, Les Belles Lettres, 2011.

2

UN VOYAGE
INATTENDU

« La plupart des hommes emploient la meilleure partie de leur vie à rendre l'autre misérable. »
Jean DE LA BRUYÈRE

Il est temps désormais, dans ce second chapitre, de tourner notre regard vers la *praxis* du métier d'élu. Car il y a en effet longtemps que l'élu est passé du stade de dépositaire d'un pouvoir confié par les électeurs, à un véritable *métier* que les gens pratiquent pour de l'argent, pour pas mal d'argent d'ailleurs[32]. Il est vrai que l'argent des autres, en général, se dépense assez facilement, et qu'il faut donc une source conséquente de revenus pour qu'elle ne se tarisse pas.

Pour bien saisir le mécanisme mental d'un élu, rien de mieux que de se placer

---

32. Entre autres exemples récents, citons les 8 500 euros mensuels de salaire du protégé de Brice Hortefeux, Geoffroy Didier, dont la publication perfide est sortie fort à propos selon François Fillon et ses amis, ou encore la « permanence » électorale de Georges Ginesta, député du Var, et évaluée tout de même à deux millions et demi d'euros…

dans la peau de celui-ci durant quelques instants. D'endosser le costume sombre du prédicateur de supermarché, du bise-mémés sans remords ni regret. À l'instar des *Caractères, ou les Mœurs de ce siècle* de Jean de La Bruyère, qui publiait au XVIIe siècle 420 portraits, prolongeant en cela le travail de Théophraste, observons, décryptons, les élus et brossons un portrait d'après nature. Et faisons ce voyage ensemble. Il ne sera pas long. Mais néanmoins éprouvant.

Fermez les yeux. Détendez-vous. Asseyez-vous sur le rebord du lit ou du canapé. Faites glisser vos orteils sur le tapis ou la moquette qui est à vos pieds. Respirez profondément.

Imaginez un instant que vous êtes aux côtés de Cora Peterson, interprétée par Raquel Welch, dans le film *Le Voyage fantastique*, de Richard Fleischer. Dans ce monument du kitsch, qui se déroule en pleine guerre froide, un groupe de scientifiques se fait miniaturiser afin de pénétrer le cerveau d'un grand savant soviétique passé à l'Ouest. Je ne prétends certes pas que le cortex des élus serait analogue à celui de grands savants. Mais il n'est pas moins tordu. Voyons donc quel est l'envers du décor. Mettons nos pas et nos neurones dans ceux d'un élu de notre glorieuse République. Ce plongeon carpé nous laissera-t-il indemnes ?

Acte I : Édouard aux mains d'argent

Mai 2014. Quel printemps pourri ! Nous sommes dans un vaste salon parisien, meublé avec goût. L'hôte de ces lieux manifeste un penchant affirmé et assuré pour l'art contemporain, la photographie argentique contemporaine, celles de Thomas Ruff et de Sophie Calle surtout, et la faïencerie asiatique, Qing plus que Ming. Il a un port de tête un peu altier. Une allure de grand bourgeois que Jérôme Cahuzac lui envie. Il réajuste le col de son costume Brioni.

Édouard – il s'appelle ainsi – parcourt d'un air détaché les derniers rapports de ses collègues parlementaires de la Commission des lois de l'Assemblée nationale. La journée est relativement chargée. Il doit relire son intervention, préparée par sa dévouée assistante, qu'il prononcera lors du prochain comité des finances locales, dans lequel il siège depuis des temps immémoriaux. La nuque un peu raide, il fait porter le poids de son fauteuil vers l'arrière et s'accorde une pause. Adepte des single malt japonais, en particulier les Nikka d'Hokkaido, il en avale une petite gorgée, qui chauffe délicatement ses tempes. Il tire avidement sur son Bolivar Coronas et admire les effluves et nuées que ce rouleau capiteux produit à rythme régulier. Il n'a jamais réussi à faire des ronds de fumée dignes de ce nom. Ce n'est pourtant pas le temps qui lui a manqué pour s'entraîner. Sa jeunesse dorée au sein du Quartier latin aurait pu au moins lui servir à cela ! Notre ami est en effet une belle illustration des *silver spoons* des romans de John Updike ; un père diplomate, une mère professeur de lettres classiques. Rien que de très classique dans le gotha parisien. Édouard a donc fréquenté les meilleurs établissements scolaires, de Stan' à Henri IV. C'est là qu'il a côtoyé les grands noms de l'État et des grandes entreprises d'aujourd'hui. Ils sont tous de ses amis et de ses relations proches. Tel ministre a marié sa fille, tel autre est le parrain de son petit dernier. Les piliers du CAC sont chez lui comme les piliers du PMU autour du zinc. Diplômé de Sciences Po, ce qui est une quasi-tradition familiale, il a choisi de compléter son parcours par un passage rue d'Ulm, ce qui est relativement non conformiste. Son père le destinait plutôt à la célèbre école située rue de l'Université, et pour partie aussi rue Sainte-Marguerite à Strasbourg. Édouard a choisi une autre voie. Ce n'est pas parce qu'on est un digne représentant des *Héritiers* de Passeron et Bourdieu qu'il ne faut pas faire preuve d'indépendance d'esprit !

De nature passablement paresseuse, Édouard n'a jamais cherché ni eu besoin de gagner sa vie. Il a toujours préféré le luxe, les filles, l'ivresse du pouvoir et de l'argent. Et les casinos. Surtout les casinos. Ils ne doivent rien au hasard, contrairement au credo du vulgaire. Ils ouvrent leurs bras chargés aux ambitieux et aux bien nés, voilà tout.

Il y a peu de temps encore, puisqu'il était un député remarqué, Édouard est entré au gouvernement. « Ministre des Relations avec le Parlement ! » lui a dit le Premier ministre. Autrement dit, titulaire d'un quasi-emploi fictif. De la douceur angevine à celle des maroquins, il n'y a qu'un pas. Il partage son quotidien entre discours lénifiants, courbettes excessives formées par sa troupe d'obligés, et dîners en ville aux frais de la princesse. Entre autres choses, lorsqu'il y repense, la pantalonnade des déclarations de patrimoine des élus le fait souvent rire. Il déguste le comique consommé de sa propre déclaration, lorsqu'il annonçait à la presse ne posséder qu'une modeste collection de toquantes vintage, composée de quelques pièces insignifiantes issues de chez Ulysse Nardin, Audemars Piguet, Piaget ou encore Blancpain, et s'élevant selon lui à la mirobolante somme de dix mille euros. Ce qui est sans doute proche de 4 à 5 % de la valeur réelle de ladite collection. Mosco, Copé, Dray et tant d'autres ont montré la voie. Il serait idiot de ne pas s'y engouffrer. Sans bien sûr parler de Fidel Castro ou du Che, qui arboraient toujours une ou deux Rolex au même poignet. Il a réussi dans la vie, et son métier d'élu lui fournit l'argent de poche nécessaire à son train de vie de sénateur. Il en profite donc pleinement. C'est bien naturel. Ce n'est pas parce qu'on vit aux frais du contribuable qu'il faut vivre chichement.

C'est un peu un personnage, sorti de l'adolescence, de *Ricky ou la Belle Vie*, ou une sorte de Fran Drescher au masculin.

Certes un médiocre, un héritier, un parasite. Un *happy few* adepte des *selfies* sur Richestagram. Mais c'est aussi quelqu'un qui a fait de la politique sa carrière, son privilège, et qui n'a, aussi loin que l'on puisse aller, jamais exercé de véritable métier, même dans l'administration. Au sortir des études, Édouard est devenu très vite permanent de sa fédé, avant de gravir en un clin d'œil les différents échelons de l'organigramme de son parti. Une belle gueule, du temps libre, de l'argent, des relations : ça aide. Et puis surtout un nom. Papa était passé par là avant lui. Ce n'est pas un hasard si, de Giscard à NKM, d'Alliot-Marie à Le Pen, la politique est si souvent une affaire de famille. En politique, l'acquis n'est rien au regard de l'inné.

Édouard a toujours fréquenté le show-biz. Il a créé à vingt-deux ans sa première société, *People & Friends*. Son entregent et son nom font merveille. Il en profite pour rapidement courir les plateaux de télévision, qui s'entichent de ce « fils de », et adore qu'on le reconnaisse dans la rue. La presse people lui offre même quelques clichés glamour, comme aux Trophées de la Nuit du Lido, cigare aux lèvres, ou encore à la soirée blanche des Moulins de Ramatuelle, sur les hauteurs de Saint-Tropez.

Le casino de Monte-Carlo est son principal port d'attache. Ce flambeur impénitent a droit à un traitement VIP réservé aux clients d'exception : billet d'avion et chambre dans un palace, tous frais compris. Il joue à la roulette, dépense des fortunes, devient hystérique lorsqu'il gagne, et engloutit très vite trois fois ses gains en des pertes fracassantes. Il laisse des pourboires astronomiques aux croupiers. Il se comporte comme un gosse qui a envie qu'on le remarque et ignore les limites.

Il lui manque certes souvent de la capacité à convaincre, du souffle, de la passion. Pour lui, la politique est un statut et un privilège, une position géostationnaire, pas un combat ou un saut à l'élastique. C'est un fonctionnaire du pouvoir, qui pointe chaque mercredi lors de la séance des questions au gouvernement. Il laisse à son ami Olivier, son principal adversaire devant les caméras, mais en réalité le complice de ses relations extraconjugales en coulisse, le soin de se positionner sur ce genre de créneau.

Acte II : Le dernier roi d'Écosse

Poursuivons donc notre plongée en eaux troubles avec Olivier. C'est un adepte des tenues décontractées. On le voit fréquemment en denim Diesel délavé, baskets blanches Rick Owens imperturbablement collées à ses chevilles, qu'il pleuve, vente ou neige. Le cuir Redskins nonchalamment posé sur ses épaules laisse entrevoir la chemise sombre qu'il porte col ouvert. Olivier est plutôt beau gosse, a un sourire communicatif, et une sorte d'aisance verbale que beaucoup lui envient. Il se plaît à s'afficher comme un « pur ». Si Robespierre avait eu un fils, ç'aurait été lui, d'évidence. Olivier pense que la politique détient le pouvoir quasi magique de changer le monde. Mieux, qu'elle le doit. La politique doit agir sur le champ social, et impulser voire imposer des réformes qui font véritablement avancer la société. La société, d'ailleurs, c'est une construction sociale, que chacun s'efforce soit de maintenir, soit de modifier d'une manière conforme à ses souhaits. Il n'y a pas véritablement de périmètre propre à la vie « privée ». Ce que l'on appelle ainsi, c'est seulement le champ que le politique consent à ne pas investir dans l'immédiat. Mais qui est malléable et fluctuant, les sujets sociétaux qui viennent régulièrement à l'agenda politique (mariage pour tous, procréation, bioéthique, euthanasie…) en attestent. Par conséquent, Olivier considère que tout est politique. Et son devoir à lui, sa vocation même, consiste à contribuer à créer une société nouvelle pour un homme nouveau.

Alors bien sûr, dans l'immédiat, il n'est qu'un obscur et modeste élu local, conseiller municipal de sa ville, ancien conseiller communautaire et actuellement conseiller régional et sénateur, son bâton de maréchal. Mais il se considère comme un authentique et légitime homme politique, dans toute la splendeur du terme. Un être objectivement supérieur, doté de bien plus de pouvoir et de clairvoyance que le commun des mortels. Olivier ne s'aime pas, il s'adore. Il s'admire. Lorsqu'il voit apparaître son visage dans un miroir, ou dans la presse locale, il succombe à son propre charme et n'imagine même pas qu'on ne puisse pas lui céder. C'est aussi la raison pour laquelle il apprécie tout particulièrement qu'on l'admire également et qu'on le lui dise. Avoir des conseillers à disposition, des collaborateurs compétents, est une chose fort appréciable. Mais avoir une véritable cour de flagorneurs, peut-être grisâtres et sans saveur, mais fidèles et entièrement dévoués, voilà le vrai visage du bonheur.

Il considère qu'il est tout à fait normal d'être entouré d'une telle nuée bourdonnante lorsqu'on est un être supérieur. Lorsqu'on détient le pouvoir, et la force de conviction qui permet de renverser des montagnes et de changer le cours des choses. Le dragon Shiryû, l'un des héros de *Saint Seiya*, est son modèle. Épris d'un idéal dont il a fait un absolu, Shiryû n'a-t-il pas le pouvoir de faire remonter la cascade de Rozan dans la région des Cinq Pics ? Olivier a la conviction qu'il le peut tout autant, et qu'il peut même faire plus. Que l'histoire des hommes est émaillée d'épisodes qui marquent des ruptures profondes et des bouleversements sociaux initiés par l'avant-garde consciente et dirigeante. La Commune de Paris en est l'illustration parfaite, ce qu'il aime à mentionner et qui plaît énormément dans son camp.

On a toujours, paraît-il, les défauts de ses qualités. Olivier le sait, lui qui goûte fort peu la contradiction. Il a beaucoup de mal à admettre qu'on puisse lui tenir tête. Dans son bureau, on ne compte plus les téléphones qui ont traversé la pièce tel un projectile lancé à Mach 2, lorsqu'un inconscient a osé contester son imperium. On le dit donc caractériel. Il réplique en citant – sans le nommer, ce qui indispose-rait ses camarades de luttes sociales – de Gaulle, pour qui rien de grand ne s'est fait sans de grands hommes, et que ceux-ci le sont pour l'avoir voulu[33].

Olivier, lorsqu'on ose le contredire, adopte immédiatement un visage fermé, glacial. Des silences prolongés, des petites phrases assassines. Chaque jour, il rabaisse, humilie, tout en prétendant vouloir le bonheur de son entourage. De l'extérieur, les autres regardent d'un air envieux ses proches et ses collaborateurs,

---

33. Permettez-moi ici de préférer à cette citation celle de l'illustre Frédéric Bastiat, pour qui « il y a trop de grands hommes dans le monde ; il y a trop de législateurs, organisateurs, instituteurs de sociétés, conducteurs de peuples, pères des nations, etc. Trop de gens se placent au-dessus de l'humanité pour la régenter, trop de gens font métier de s'occuper d'elle » (Frédéric BASTIAT, *La Loi*, 1850).

pensant qu'ils côtoient l'homme politique parfait. En réalité, Olivier a plusieurs visages. Il peut être extraverti, bon vivant, séducteur, cultivé, altruiste, ou plus timide parfois. Mais il est aussi, régulièrement, autoritaire et tyrannique. Et il passe d'une facette à l'autre en quelques secondes à peine. Si vous l'avez contrarié, il peut par exemple passer en un instant d'une profonde tristesse à une fureur terrible. Bien sûr qu'Olivier a des côtés positifs, il peut être très drôle, très original… Mais c'est pour mieux vous manipuler.

Outre le fameux général au style pompier, brocardé jadis par Jean-François Revel, Olivier a une autre référence. C'est Salvador Allende. Le héros de la voie chilienne, via les urnes, vers le socialisme, le médecin populaire, le harangueur des masses et l'icône marxiste des luttes sociales. Comme l'explique fréquemment Olivier à ses camarades, Allende avait le courage de ses convictions, et il a su mettre au pas aussi bien les gringos que les réactionnaires. Ses nationalisations des banques locales, des mines, sa réforme agraire, celle de la sécurité sociale, étaient nécessaires et ont rencontré d'authentiques succès. Seule la CIA a empêché le régime marxiste chilien de devenir la référence mondiale qu'il aurait dû être. Pour Olivier pas de doute, c'était Allende, beaucoup plus qu'Amin Dada, l'authentique dernier roi d'Écosse.

Olivier estime que le pouvoir du verbe, immatériel et immanent, est quasi infini. S'il lui ajoute la main, bien visible celle-là, du pouvoir issu du suffrage universel, Olivier se sent pousser des ailes. Depuis qu'il est élu, il détient ainsi une part irrésistible de souveraineté populaire. C'est pourquoi, en sus d'être un peu caractériel, Olivier s'emploie à faire tomber toute forme de résistance. Notamment vis-à-vis de la gent féminine, pour laquelle il faut bien admettre qu'il a souvent un comportement assez éloigné des convictions féministes qu'il affiche publiquement. Il n'hésite jamais à user de son pouvoir pour parvenir à ses fins prédatrices.

Si vous avez le sentiment de ne plus être libre, si vous parlez constamment d'une personne quand elle n'est pas là, et si en sa présence, vous n'êtes pas serein, ou que vous vous comportez comme un petit garçon ou une petite fille et plus comme un(e) adulte, vous avez probablement affaire à un élu du genre d'Olivier. De même pour ces gens dont un simple appel vous demande cinq jours pour vous en remettre.

C'est sûr que ce n'est pas André, votre maire actuel, vieux beau tout juste apte à inaugurer la salle polyvalente jouxtant la maison de quartier des Pétunias fleuris, classée en zone « politique de la ville », qui vous fera jamais un tel effet. Lui est plutôt du genre à promettre tout et n'importe quoi, à n'importe qui, c'est-à-dire, notamment, à vous.

Acte III : Je suis de toutes les partys

André est maire de sa petite ville, siège de sous-préfecture, depuis bientôt trente-cinq ans. C'est une belle bourgade, trois fleurs attribuées très régulièrement par le Conseil national des villes et villages fleuris. Et même quatre, une année. Son centre médiéval, plein de charme et de caractère, comprend plusieurs faubourgs organisés tout autour de la cathédrale, construite entre le XIe et le XVIe siècle. Les maisons sont en torchis et en pans de bois apparents ; elles comptent les plus beaux encorbellements de France. Voici une vieille cité marchande, jadis siège de nombreuses foires, qui a su prospérer et devenir une sympathique cité dortoir pour retraités aisés et autres électeurs du Front national.

André doit donc promouvoir une politique municipale ambitieuse de lutte contre la délinquance et le maintien des bonnes mœurs parmi ses administrés, alors même que la police municipale, armée jusqu'aux dents et aussi désœuvrée qu'un contrôleur SNCF, n'a jamais rien à déplorer, excepté de temps à autre des gamins qui poursuivent les pigeons. Les quelques Maghrébins du coin sont des Berbères, les quelques Noirs assimilés depuis toujours, mais c'est sans incidence sur les penchants xénophobes de la population, qui s'expriment joyeusement. Ils ne concernent d'ailleurs pas que les anciens, loin de là. Les plus jeunes n'ont rien à leur envier.

Tout le paradoxe, c'est qu'André a aussi connu les années 1970, lorsque l'usine textile et l'arsenal drainaient une foule bigarrée et prolétaire chaque jour vers les artères économiques situées aux abords de l'agglomération. C'était le temps des grandes luttes sociales, et il fallait bien, à l'époque, ne pas désespérer Billancourt pour espérer se faire élire.

Alors qu'aujourd'hui il tient un discours sécuritaire convenu, André tenait jadis un discours fiévreux d'émancipation sociale. Il faut simplement savoir s'adapter à la demande des électeurs. André a toujours excellé dans cet exercice qui consiste à ménager la chèvre et le chou, et à passer avec une aisance naturelle et déconcertante de la carpe au lapin. C'est d'ailleurs, pense-t-il, un exercice relativement facile, et André s'étonne toujours de voir à quel point rares sont ceux qui maîtrisent cet exercice aussi bien que lui. La recette de cette potion indigeste est pourtant simple ; il suffit de promettre à chacun des avantages pris sur d'autres, et de rester dans un flou suffisamment pastel pour ne pas se sentir tenu outre mesure par un quelconque engagement individuel. Un serment collectif n'est pas nécessairement une promesse individuelle[34]. Les curés

---

34. Puisqu'on cite Bastiat, voici une autre de ses formules bien senties : « L'État, c'est la grande fiction à travers laquelle tout le monde s'efforce de vivre aux dépens de tout le monde. Car, aujourd'hui comme autrefois, chacun, un peu plus, un peu moins, voudrait bien profiter du travail d'autrui. Ce sentiment, on n'ose l'afficher, on se le dissimule à soi-même ; et

l'ont bien compris depuis longtemps. Ce sont les premiers hommes politiques, d'un point de vue chronologique.

Une autre condition est nécessaire pour qui veut briller en politique ; il faut savoir bien s'entourer. Pas par des collaborateurs compétents et efficaces, évidemment ! Ceci est sans intérêt ! Ce qui compte, c'est d'avoir autour de soi des obligés, des gens à qui vous avez accordé tel privilège, parfois misérable d'ailleurs, et qui ne peuvent rien vous refuser. Des dévoués, corps et âme. Trouvez-leur une place ronflante et aussi vide qu'un ballon gonflé à l'hélium, faites de l'un votre « chef de cabinet » et de l'autre votre « directeur de campagne » par exemple. Et – surtout – n'oubliez pas de glisser sous leur fauteuil les petites branches, le foin et la poix qui serviront, un jour, à allumer leur bûcher. Ils seront, si les choses tournent au vinaigre, si par exemple on vous somme de tenir vos engagements,

---

alors que fait-on ? On imagine un intermédiaire, on s'adresse à l'État, et chaque classe tour à tour vient lui dire : "Vous qui pouvez prendre loyalement, honnêtement, prenez au public, et nous partagerons" » (Frédéric Bastiat, *L'État*, 1848).

les coupables idéaux et les lampistes qu'il faudra sacrifier. Ils ne comprendront pas, évidemment, votre attitude sans pitié et sans scrupules, ils supplieront, imploreront votre clémence. Ce qui vous fera donc passer pour un inflexible, un incorruptible, auprès du grand public, et vous fera donc gagner sur tous les tableaux. Comme le disait Tristan Bernard, les hommes sont toujours sincères. Ils changent de sincérité, voilà tout.

Et puis tout s'achète. Surtout les hommes. Et certains savent tellement bien se vendre, qu'ils se sont déjà vendus et revendus de multiples fois. Regardez le parcours de Loïk, oui Loïk, vous le connaissez certainement ; il a navigué à vue des années durant entre politique, showbiz, médias, gang bangs pour milliardaires, associations caritatives africaines et couloirs des palais de justice, pour diverses affaires de mœurs et de corruption. Bien évidemment, il s'en est toujours très bien tiré, l'ami Loïk. Un vrai camarade, sur qui on peut toujours compter. Arrêtons-nous un instant sur son parcours.

Acte IV : Les infortunes de la vertu

Lorsqu'on voit Loïk pour la première fois, ce qui frappe, c'est la stature du personnage. C'est un peu le *deus ex machina* du théâtre classique, Loïk. Il en impose par son gabarit de rugbyman maori, son regard perçant, sa voix de baryton. Sa barbe rousse, épaisse et drue, en fait l'incarnation moderne de l'ogre des contes de Charles Perrault. C'est un peu le cauchemar de votre tendre enfance, Loïk. L'acteur cantonné aux rôles de méchants. Il a le cuir épais et l'ego en titane. Il ne s'est jamais laissé abattre, même lorsque le vent ne lui était pas favorable. D'une fierté exaspérante pour ses camarades de classe, mais aussi d'une capacité de travail sans pareil, Loïk scie à vingt ans les barreaux de la cage familiale et adhère très vite à l'UNEF, dont il gravira rapidement les quelques marches. Il côtoie les jeunes loups qui se voient déjà une brillante carrière politique, et les vieux briscards à qui on ne la fait plus. Il poursuit de brillantes études, quoique sans conviction ni passion excessive, et profite vite de son ascendant naturel pour devenir l'un des leaders nationaux du syndicat étudiant. Il est de toutes les grèves, de toutes les motions, de tous les combats et de toutes les manifs ambiance merguez-frites et binouze à volonté.

Mais Loïk sait aussi que son charisme ne fait pas tout. Qu'il doit lutter contre de nombreux grands fauves qui ne rêvent que de lui piquer sa place. Qu'il doit donc, s'il veut la conserver et progresser encore, pourquoi pas vers une carrière politique, faire quelques concessions.

Et puis il faut trouver des financements. Mener des opérations de lobbying coûte cher. Alors Loïk n'hésite pas, parfois, à prendre quelques libertés avec les règles de la probité. La vertu, c'est une tentation bien insuffisante, comme disait George Bernard Shaw. La probité, qui empêche les esprits médiocres de parvenir à leurs fins, est un moyen de plus de réussir pour les habiles.

De l'UNEF il passe à la tête d'une des principales mutuelles étudiantes. Pour s'attirer quelques bonnes grâces, il commence par verser à tous les administrateurs de la mutuelle, dont lui-même évidemment, des indemnités conséquentes. Quitte pour cela à détourner une bonne partie des cotisations des étudiants. Pour opacifier sa gestion, Loïk crée diverses filiales, qui servent les intérêts politiques de ses amis, de plus en plus nombreux. Elles permettent de créer des systèmes de fausses factures ou des opérations immobilières suspectes. La mutuelle gravite rapidement dans un entrelacs complexe et obscur d'une cinquantaine de sociétés commerciales réalisant deux milliards et demi de chiffre d'affaires. Les emplois fictifs se déversent comme d'une corne d'abondance, les missions de conseil purement imaginaires pullulent, tout se passe dans une joyeuse atmosphère insouciante, légèrement teintée de méthodes de voyous.

Loïk a tellement d'obligés parmi ses amis, qui s'engagent l'un après l'autre en politique, qu'il ne peut que céder aux mêmes sirènes à son tour. Lorsqu'il devient élu pour la première fois, directement député, il jure la main sur le cœur qu'il ne briguera jamais le moindre autre mandat. Évidemment c'est le genre de promesses qui durent moins longtemps que l'amour (encore que l'amour…).

Loïk devient donc également élu local. Il peut ici donner pleine mesure à son expérience associative crapuleuse. Il excelle en matière de marchés publics truqués, en montant des cahiers des charges sur mesure pour favoriser tel candidat, n'hésite pas à détourner la procédure lorsque c'est nécessaire, évince pour de pseudo-motifs techniques les entreprises qui rechignent à verser leur ticket d'entrée. C'est aussi un as de l'urbanisme, où il n'hésite pas à se faire graisser la patte par des propriétaires intéressés par le classement de tel terrain en zone constructible, où il exerce le droit de préemption de sa mairie pour favoriser ses amis, où il marchande allègrement avec les grandes enseignes les installations ou extensions de grandes surfaces. Tout le monde doit lui verser son obole, du kiosque à journaux qui veut obtenir une autorisation temporaire d'occupation du domaine public, à la paillote qui veut obtenir une concession de plage, en passant par les propriétaires qui n'aimeraient pas voir auprès d'eux une aire d'accueil des gens du voyage ou un centre de traitement des déchets...

Loïk pratique le clientélisme comme d'autres la peinture ou la sculpture. C'est un fin gourmet doublé d'un artiste expérimenté. Une PME veut-elle une aide au démarrage ? Très bien, la subvention sera conditionnée à une rétrocession partielle de cette aide, en numéraire et en nature. Une association veut-elle encore plus d'argent public ? Loïk lui conseille alors de surfacturer ses dépenses, de rédiger des fausses factures, de créer une antenne à objet social totalement fictif, à seule fin de détournement de fonds. Bien évidemment, Loïk profite aussi de son mandat pour recruter dans sa mairie tous les colleurs d'affiches et obligés à qui il faut renvoyer l'ascenseur, leur offrant un contrat de travail dans des conditions de transparence tout à fait relatives. On devrait se méfier davantage des promesses des hommes politiques, puisqu'ils ne peuvent nous faire de cadeaux qu'avec ce qu'ils nous prennent. Chaque élection est une sorte de vente aux enchères par avance de biens à voler. Passer sa vie à récolter des voix devrait logiquement se terminer au parloir, mais c'est rarement le cas.

Et pour parvenir à s'enrichir aux dépens du *servum pecus*, il faut jouir de deux armes complémentaires, le privilège et le passe-droit. La vieille amie de Loïk, Cécile, excelle en ce domaine.

Acte V : Brille-Babil, brille !

Un privilège, *privata lex*, est un statut particulier que nous attribue notre qualité. Un statut accordé non par ce qu'on fait, mais par ce qu'on est. On dit, pour parler des gens qui ont un revenu élevé, « les privilégiés ». Or, la notion de privilège, ce n'est pas ça. Un privilégié est quelqu'un qui bénéficie d'un avantage payé par quelqu'un d'autre. Un privilège suppose quelqu'un pour en jouir et quelqu'un pour le payer. Cécile, mieux que personne, l'a compris. Et que rien ne vaut le privilège masqué derrière le droit.

Cécile est haut fonctionnaire, ancienne administratrice du Sénat. Mais elle n'a jamais vraiment exercé sa profession. Personne ne peut échapper à l'attrait du pouvoir et aux projecteurs de la célébrité. Cécile est donc rapidement devenue une permanente de son parti, « secrétaire nationale à la francophonie » au sein de celui-ci. La voici très vite porte-parole dudit parti, puis porte-parole du candidat à la présidentielle issu de celui-ci. Elle ne pouvait donc qu'entrer au gouvernement. Secrétaire d'État en charge de la Consommation, du Commerce et de l'Artisanat.

En poste, elle reçoit les syndicats professionnels et les lobbyings de tous bords. Elle ferraille contre l'ouverture des commerces le dimanche, contre les véhicules avec chauffeurs, en leur imposant des contraintes débiles, contre la libéralisation des marchés du gaz et de l'électricité, contre l'ouverture à la concurrence des professions réglementées, les notaires en particulier. Elle prétend que c'est au nom de l'intérêt général que les privilèges leur sont accordés, et qu'ils sont par conséquent tout à fait légitimes. Toute comme du reste les privilèges de son corps d'origine. Comme le disait Bernanos, « ce qui rend la médiocrité des élites si funeste, c'est la solidarité qui lie entre eux tous leurs membres », très privilégiés comme un peu moins privilégiés, « dans la défense du prestige commun ». Elle s'emploie aujourd'hui à mettre en pratique ces préceptes. C'est une cougar qui, au gré de ses rencontres, fait monter dans l'appareil du parti tel ou tel petit jeune, vigoureux et plein d'avenir.

Cécile est l'incarnation du Brille-Babil de la *Ferme des animaux* de George Orwell ;

un goret de petite taille, bien en chair, excellent orateur. Maître ès propagande. Il justifie les actions de ses camarades révolutionnaires en allant constamment parler aux animaux de la ferme. Lorsqu'il n'arrive plus à convaincre, il n'hésite pas à utiliser la menace voilée et l'intimidation. Il modifie, en cachette, la nuit, les *Sept Commandements*, pour justifier a posteriori les agissements condamnables des cochons. Il altère, pervertit, corrompt, la mémoire collective de la bataille de l'étable.

Et comme notre cochon, Cécile combine avec dextérité ces privilèges avec de multiples passe-droits, pour elle et pour les siens. Elle adore la sirène deux-tons de son chauffeur ; déteste se mêler à la foule, sauf bien sûr devant les journalistes ; renonce temporairement à ses vacances traditionnelles aux Maldives pour donner le change aux médias ; fait embaucher sa fille par l'ambassade de France à Madrid. « Tous les animaux sont égaux, mais certains le sont plus que d'autres », disait déjà Orwell.

Le jeu de la politique est un jeu à somme négative. Le coût total pour la société est directement mesurable par l'ensemble des avantages visibles pour les privilégiés du système : lobbies, associations et entreprises subventionnées[35]. Et les électeurs eux-mêmes ne sont pas les derniers à blâmer : Cécile a bien compris qu'ils attendent de la politique des avantages tangibles (au détriment bien sûr des électeurs du camp adverse). La politique est une forme de la lutte des classes. Voter n'est pas dialoguer, c'est au contraire mettre fin au dialogue. C'est adopter le mode de résolution des conflits qui, comme la guerre, soumet les perdants à la volonté des vainqueurs.

---

35. C'est ce que François Guillaumat et Georges Lane nomment la « loi de Bitur-Camember » : « Pour toute richesse volée et redistribuée par les hommes de l'État, une richesse équivalente devra être détournée de la production réelle pour être pseudo-investie dans la lutte pour ce butin, c'est-à-dire dans les démarches, l'intrigue, la propagande, la corruption et la violence nécessaires pour affronter la rivalité des autres prétendants : de sorte que la quasi-totalité des avantages de l'action politique doivent être dissipés en coûts subis pour les obtenir. »

ÉPILOGUE

« L'enfant croit au Père Noël. L'adulte non. L'adulte ne croit pas au Père Noël ; il vote. »

Pierre DESPROGES

Il est nécessaire de se protéger de l'influence néfaste des élus. Le problème central que pose la politique est que des gens décident à notre place, avec notre argent, de sujets qui ne les concernent pas (ou qui, prétendent-ils, concernent « tout le monde »). Les politiciens et leurs agents (les fonctionnaires, hommes de cette machine qui s'appelle l'État) se substituent à la société civile dans toutes les tâches qu'ils prennent en charge – sauf dans certaines tâches prédatrices, nuisibles ou inutiles (taxation, douanes…).

La politique est le principe selon lequel les hommes de l'État ont le « droit » d'imposer à tous leur volonté. La politique, c'est l'art de créer des problèmes qui donneront aux hommes de l'État l'occasion de se faire passer pour des gens utiles, en prétendant résoudre ou pallier les inconvénients qu'ils ont eux-mêmes créés.

Or, par définition, quand l'un en impose à l'autre, le premier exerce son joug sur le second ; la politique est donc par définition la loi du plus fort, et l'antithèse de la liberté. Les politiciens cherchent à changer l'identité du plus fort, pas le fait que le plus fort fasse sa loi.

Il faut, au contraire, reconnaître à chacun une sphère qui lui est propre, où nul autre n'a le droit de lui imposer sa volonté, et qui s'étendra ou se rétrécira selon l'exercice responsable de sa liberté. « Aussi longtemps que les arguments en faveur de la liberté individuelle n'auront pas conquis les esprits, la démocratie restera un moyen très efficace d'étendre indéfiniment les activités de l'État », dit le lumineux Pascal Salin. Nous ne cherchons pas de bons maîtres, ni à être nous-mêmes de bons maîtres.

Nous ne voulons simplement pas d'esclaves.

TABLE
DES MATIÈRES

Ce volume,
le neuvième de la collection « Les Insoumis »,
publié aux Éditions Les Belles Lettres,
a été achevé d'imprimer
en septembre 2015
sur les presses
de la Manufacture Imprimeur
52205 Langres Cedex.

N° d'éditeur : 8144
N° d'imprimeur : 150678
Dépôt légal : septembre 2015
Imprimé en France